全国职业院校城市轨道交通专业教材

城市轨道交通车站设备基础习题册

余伟斌　主编

中国劳动社会保障出版社

简 介

本习题册是全国职业院校城市轨道交通专业教材《城市轨道交通车站设备基础》的配套习题册。

本习题册根据职业院校城市轨道交通专业学生的特点，按照教材分章节编写，包括城市轨道交通车站设备概述、自动售检票系统、给排水和环控系统、电梯及自动扶梯系统、低压配电及照明系统、站台门系统、消防系统和城市轨道交通车站其他设备，有填空题、选择题、判断题、名词解释、简答题、综合分析题等多种题型，供学生课后练习使用。本习题册配有参考答案，可通过中国技工教育网（http：//jg.class.com.cn）下载。

本习题册由余伟斌任主编。

图书在版编目（CIP）数据

城市轨道交通车站设备基础习题册 / 余伟斌主编 . -- 北京：中国劳动社会保障出版社，2021

全国职业院校城市轨道交通专业教材

ISBN 978-7-5167-4964-7

Ⅰ.①城… Ⅱ.①余… Ⅲ.①城市铁路－车站设备－职业教育－教材 Ⅳ.①U239.5

中国版本图书馆 CIP 数据核字（2021）第 136028 号

中国劳动社会保障出版社出版发行

（北京市惠新东街 1 号 邮政编码：100029）

*

河北品睿印刷有限公司印刷装订 新华书店经销

787 毫米 ×1092 毫米 16 开本 2.25 印张 51 千字

2021 年 8 月第 1 版 2025 年 5 月第 5 次印刷

定价：6.00 元

营销中心电话：400-606-6496

出版社网址：http://www.class.com.cn

http://jg.class.com.cn

目　录

第一章 城市轨道交通车站设备概述

一、填空题（将正确答案填在横线空白处）

1．按车站与地面的相对位置不同，城市轨道交通车站一般可分为地下车站、地面车站和_______________。

2．车站主体分为乘客使用空间和车站用房，其中乘客使用空间由付费区和非付费区组成，车站用房又包含________________、____________和生活用房。

3．城市轨道交通车站给排水系统由给水系统和排水系统两部分组成。给水系统包括生活给水系统、__________________和消防给水系统。

4．城市轨道交通环控系统主要由__________________、车站大系统、车站小系统和车站水系统组成。

5．自动扶梯一般可分成四大部分，分别是供乘客站立并能连续提升的梯路、动力驱动装置、框架结构、_________________。

6．站台门主要有____________、全高式和半高式三种。

7．目前，国内新建的几条城市轨道交通线路均选用了____________气体灭火系统。

8．为了便于运营管理，城市轨道交通车站设置了用于通信联络的________________。

二、选择题（将正确答案的字母填在括号内）

1．地下车站按位于地下的深度不同，可分为浅埋车站和深埋车站。划分标准为线路轨道面至地表距离在（　　）m 以内为浅埋车站，否则为深埋车站。

A．10　　B．15　　C．20　　D．25

2．自动售检票系统简称（　　）系统，能实现城市轨道交通售票、检票、计费、收费、统计、清分、管理等全过程的自动处理。

A．AFC　　B．ABC　　C．ABS　　D．AFS

3．城市轨道交通车站给排水系统由给水系统和排水系统两部分组成。排水系统包括污水系统、废水系统和（　　）。

A．消防水系统　　B．冷却水系统　　C．雨水系统　　D．循环水系统

4．（　　）的作用是通过对各用房的温度、湿度等环境条件的控制，为工作人员提供舒适的工作环境，为各种设备提供正常的运行环境。

A．隧道通风系统　　B．车站大系统　　C．车站小系统　　D．车站水系统

5．根据国家标准《地铁设计规范》（GB 50157—2013），低压系统用电负荷共可分为（　　）级负荷。

A．二　　B．三　　C．四　　D．五

6．下列选项中，不属于屏蔽式站台门特点的是（　　）。

A．确保安全　　B．阻隔噪声　　C．降低能耗　　D．造价低

7．城市轨道交通车站设置自动喷水灭火系统时，火灾危险等级按（　　）考虑。

A．轻危险级Ⅰ级　　B．轻危险级Ⅱ级

C．中危险级Ⅰ级　　D．中危险级Ⅱ级

8．城市轨道交通车站设置的用于列车控制及监控的设备是（　　）。

A．信号设备　　B．通信设备　　C．供电设备　　D．监控系统

三、判断题（正确的在题后括号内打“√”，错误的打“×”）

1．枢纽站是指设在两种不同行车密度交界处的车站，设有折返线和相关设备，兼有中间站的功能。（　　）

2．每张票具有一个唯一票号，经加密后存储到票卡中，供检票系统自动识别，同时还存有车票种类、使用人数、售票时间、有效期、售票机号等信息，供工作人员人工查验。（　　）

3．雨水来自隧道入口处过渡段；雨水泵设在隧道入口处，主要由集水井、压力井和化粪池等组成。（　　）

4．环控系统是为改善地下车站空气湿度、温度、流通速度，以及噪声等相关问题而设置的系统。（　　）

5．在地面段高架车站，由于用电负荷相对较多，可适当增加低压配电室和环控电控室的数量。（　　）

6．半高式站台门系统与屏蔽式站台门系统相比较，两者的结构基本相同，只是半高式站台门系统的上部不封闭，门体的下部可以根据需要设置通风口。（　　）

7．城市轨道交通车站的消火栓给水系统必须设消防泵和消防水池。（　　）

8．为了便于运营管理，城市轨道交通车站必须设置用于乘客服务的乘客信息系统。（　　）

四、名词解释

1．联锁车站

2．地面风亭

3. 自动售检票系统

4. 站台门

五、简答题

1. 城市轨道交通车站设计的原则是什么?

2. 简述自动售检票系统的架构。

3. 简述环控系统的主要功能。

4. 简述半高式站台门的主要功能和特点。

六、综合分析题

实地考察一座城市轨道交通车站，根据该站情况与所学知识回答以下问题。

（1）按照车站的各种分类方法，该站是一座什么类型的车站？

（2）画出该站站厅的平面布局图，并标明各设备的位置与数量。

（3）画出该站设备区的房间分布平面图。

第二章　自动售检票系统

一、填空题（将正确答案填在横线空白处）

1. 目前，自动售检票系统主要有________系统、接触式 IC 卡系统和非接触式 IC 卡系统三大类型。其中，________________为媒介的自动售检票系统的应用范围最广。

2. 自动售检票系统的运行模式主要包括正常运行模式、____________________和紧急运行模式。

3. _________________又称人工售 / 补票机或票房售 / 补票机，通常安装在售 / 补票房或车站服务中心内，采用人工方式完成票务处理、车票发售、充值、车票分析（验票）、退票及其他票务服务。

4. 半自动售票机以主控单元为核心，由主机、IC 票卡发售模块、操作员触摸屏显示器、乘客显示器、桌面 IC 卡____________、票据打印机等组成，还可以根据需要配置触摸屏、车票处理装置、钱箱等部件。

5. 自动检票机根据功能不同，可以分为进站检票机、出站检票机和______________。

6. 工控机电源电压不稳定会导致自动售票机出现_______________的故障。

7. 车票误用包括________________、无法读取票卡、超时超程乘车和无效票等。

8. 车站部分半自动售票机出现故障，如果有其他空闲的半自动售票机，票务员可在故障半自动售票机上退出登录后，再登录空闲的半自动售票机进行票务作业，此过程需要_______________批准和监督。

二、选择题（将正确答案的字母填在括号内）

1. 城市轨道交通（　　）负责不同收费系统之间的账务清分、结算。

   A．清分结算系统　　B．线路中央计算机系统

   C．车站计算机系统　　D．车站终端设备

2. 自动售检票系统设备的位置根据出入口数量相对（　　）布置，并满足（　　）要求。

   A．分散　行车方向　　B．集中　行车方向

   C．分散　客流流向　　D．集中　客流流向

3. 自动售检票系统中，（　　）模式具有最高的优先权。

   A．正常服务　　B．关闭服务　　C．列车故障　　D．紧急运行

4. 自动售票机结构中，（　　）是操作员登录接口，通过其实现设备检测维修及运营结账。

A．UPS　　　B．主控机　　　C．维护面板　　　D．电源模块

5．下列选项中，出站检票机具备而进站检票机没有的结构是（　　）。

A．票箱　　　B．读卡器　　　C．乘客显示器　　　D．通行传感器

6．维修门处在打开状态时，自动售票机会显示“（　　）”。

A．网络故障　　　B．暂停服务　　　C．只收纸币　　　D．只收硬币

7．半自动售票机无法正常充值通常是因为（　　）没有正确连接。

A．储值卡读卡器　　　B．显示器　　　C．打印机　　　D．单程票发售模块

8．如果发生故障的为进站检票设备，对乘客进站造成影响的，可由（　　）视情况减缓售票速度，如关闭部分自动售票机，以减缓进站压力。

A．客运值班员　　　B．行车值班员　　　C．值班站长　　　D．中心站长

三、判断题（正确的在题后括号内打“√”，错误的打“×”）

1．线路中央计算机系统（LC）负责本线路中的票务管理、交易与设备状态的采集、运行管理、客流管理、黑名单管理、软件版本管理、收益管理、统计报表等。（　　）

2．自动售检票系统设备的位置可以设置在出入口、通道内，但应尽量保持与出入口、楼梯有一定距离，从而保证出入口和楼梯的畅通。（　　）

3．乘客在自动售票机上进行充值操作时，从开始充值后至支付充值金额之前都可以取消交易。（　　）

4．半自动售票机仅用于完成售票、补票、充值、更新、替换、退票、车票挂失等日常票务工作。（　　）

5．带有票箱的车票处理装置通常需要配置三个票箱，并实时监控票箱的状态，在票箱未安装、票箱将满或票箱已满时，需要向主控单元发送相关信息，主控单元将相关信息上传到车站计算机系统。（　　）

6．当自动售票机出现少找零或找零失败时，只需清理卡币并检查各找零器出币是否异常即可解决。（　　）

7．自动检票机每次开机启动后，首先进行设备自检，若自检过程中发现有故障，则会在自检结束后在乘客显示屏上显示相应故障码。（　　）

8．车站部分自动售票设备故障时，值班站长应选择出售预制票或纸票，按照出售纸票流程处理。（　　）

四、名词解释

1．智能卡车票

2．车站计算机系统（SC）

3．半自动售票机（BOM）

4．自助查询机（TCM）

五、简答题

1．自动售检票系统设备配置的原则是什么？

2．简述自动售检票系统的降级运行模式。

3．请填写下图中自动售票机各画线处的内部机构名称。

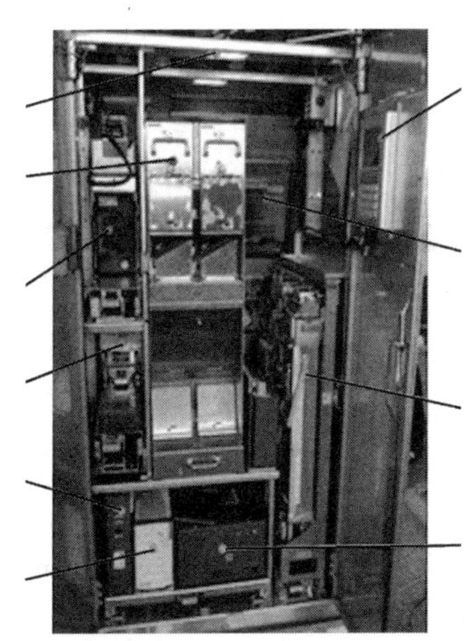

4．简述自动检票机拆卸票箱的工作过程。

六、综合分析题

某日，某城市轨道交通车站站厅的售检票设备出现故障。请根据所学知识回答以下问题。

（1）当某一台自动售票机显示“只收纸币”时，应如何处理?

（2）当客运值班员发现车站内部分自动检票设备出现故障时，应如何处理?

（3）当车站全部售票类设备出现故障，要发售预制单程票时，需要注意什么?

第三章　给排水和环控系统

一、填空题（将正确答案填在横线空白处）

1. 消防管网是环状的供水管网，而____________管网直接从市政管网中引出，主要采用枝状管网形式。

2. 当沿线无城市自来水时，车站给水系统可采用其他可靠的水源，一般用自备井供水时水压要求不小于_______MPa。

3. 消防水系统包括____________________、临时高压消防给水系统和稳高压消防给水系统。

4. 高架车站屋面排水管道的排水设计应按当地___________的暴雨强度计算，设计降雨历时应按 5 min 计算。

5. 我国城市轨道交通车站环控系统一般包含_____________系统和通风、空调与供暖系统两部分。

6. 正常情况下，环控系统运行模式有___________________、空调季节全新风和非空调季节全通风模式三种。

7. 正常情况下，隧道通风系统每天早上运营开始前执行________早通风模式，运营结束后执行________晚通风模式。

8. 环控设备开机前，必须确认设备上方或附近___________才能送电。

二、选择题（将正确答案的字母填在括号内）

1. 地下区间在线路（　　）设废水泵站，部分车站的废水通过废水泵房提升排入道路雨水管道。

A．最高点　　B．最低点　　C．中间点　　D．近站端

2. 下列选项中，不属于消火栓给水系统组成部分的是（　　）。

A．消火栓　　B．消防卷盘　　C．水龙带　　D．集水井

3. 下列选项中，属于生活用水的是（　　）。

A．车辆基地的洗车用水　　B．自动喷水灭火系统的用水

C．采暖锅炉房的补水　　D．洗涤用水

4. 运营单位应建立消防及给排水系统的基础资料档案管理制度，下列选项中，不属于应建档案的是（　　）。

A．设备台账　　B．日常维修记录　　C．设备故障记录　　D．钥匙借用记录

5. 环控系统采用分布式计算机系统，是由（　　）级监控设备及相关通信网络共同构

成的实时监控系统。

A．二　　B．三　　C．四　　D．五

6．（　　）又称公共区空调通风系统，包括站厅层、站台层公共区的所有环控设备。

A．通风空调大系统　　B．区间隧道通风系统

C．通风空调小系统　　D．制冷水循环系统

7．需停机检修的项目，应断开设备的主电源，并悬挂“（　　）”的警示牌，确认无误后才能进行检修作业。作业结束后警示牌必须谁挂谁取。

A．禁止触摸　　B．当心机械伤人

C．当心触电　　D．有人工作，严禁合闸

8．车站环控系统设备的（　　）控制操作由车站设备维保部门环控系统维修人员负责。

A．中央级　　B．站厅级　　C．站台级　　D．就地级

三、判断题（正确的在题后括号内打“√”，错误的打“×”）

1．污水系统主要为结构渗漏水、卫生间粪便污水及卫生间冲洗水。（　　）

2．消防水系统一般均采用两路进水，从车站两端引入管上各接出一根 DN150 给水管后在站厅、站台层连通，使车站消防水管形成环状供水管网。（　　）

3．为降低工程造价，有条件时，露天出入口排水泵房应和地面进入站厅的自动扶梯底坑的局部排水泵房合建。（　　）

4．排水泵应采用就地控制方式，车站和区间主排水泵、洞口雨水泵应在车站控制室远程控制。（　　）

5．环控系统采用计算机网络技术、自动控制技术、通信技术及分布智能技术，实现设备监控集中控制、分散管理的系统模式，对车站及区间隧道内的机电设备进行全面的运行管理与控制，并通过结构、系统、管理及它们之间的最优化组合，确保车站机电设备处于高效、节能和最佳运行状态。（　　）

6．环控系统监控范围应包括车站、区间，也可包括运营控制中心及车辆基地。（　　）

7．正常情况下，环控系统的车站小系统运行由环控调度员直接编辑时间表，按时间表自动运行。（　　）

8．正线车站的环控系统通风设备的检修周期为周检、半年检、年检，其作业应分别填写相应的记录表。（　　）

四、名词解释

1．临时高压消防给水系统

2．双泵故障

3. 制冷水循环系统

五、简答题

1. 简述给排水系统的功能。

2. 根据要求简单分析车站内管道漏水故障。

（1）简述此故障的现象。

（2）说明此故障的类型。

（3）说明故障发生的区域地点或装置的名称。

（4）说明故障发生的可能时间、故障的危害严重程度及其影响范围。

（5）简述故障前可能出现的征兆。

（6）简述故障可能引发的次生、衍生事故。

3. 简述环控系统的功能。

4. 设备监控系统的主要监控对象有哪些?

六、综合分析题

某日，某城市轨道交通车站环控大系统组合式空气处理机组报故障。请根据所学知识回答以下问题。

（1）请对该故障进行风险分析。

（2）如果你是该站值班员，应如何应对该故障?

（3）在该事件中，环控调度员和客运生产调度员应如何应对?

第四章　电梯及自动扶梯系统

一、填空题（将正确答案填在横线空白处）

1．电梯是垂直运行的电梯、倾斜方向运行的自动扶梯、倾斜或水平方向运行的________________的总称。

2．车站内应设置垂直电梯、______________，满足残疾人等特殊人群的需要，为他们提供出入城市轨道交通车站的无障碍通道。

3．曳引驱动电梯由机械装置与____________两大部分组成。

4．电梯门系统是乘客或货物的进出口，运行时必须封闭，到站时才能打开。它的主要组成构件有轿厢门、层门、________、开门机、关门防夹装置。

5．检修盘的____________主要用于电梯困人时，车站工作人员、维保人员及维保单位维修人员在解救前了解轿厢内乘客情况，并安抚乘客。

6．作业人员完成电梯维护作业后必须恢复原状，试乘电梯______（电梯从最顶层至最底层运行 1 个循环为 1 次）确认电梯运行正常，出清作业人员和工器具。

7．自动扶梯运行前，应进行“一检查两确认”操作，具体包括：检查自动扶梯梯级上有无异物，确认_____________________，确认自动扶梯的开启方向。

8．楼梯升降机分为座椅式楼梯升降机和______________式楼梯升降机。

二、选择题（将正确答案的字母填在括号内）

1．当发生紧急情况时，电梯应能自动运行到（　　），并打开电梯门。

A．最高层　　B．最低层　　C．最近层　　D．设定层

2．自动扶梯与楼梯相对布置时，其间的距离不宜小于（　　）m。

A．10　　B．15　　C．20　　D．25

3．提升绳靠主机驱动轮绳槽的摩擦力驱动的电梯是（　　）。

A．观光电梯　　B．强制驱动电梯　　C．曳引驱动电梯　　D．液压电梯

4．（　　）提供动力，对电梯实行速度控制，它的主要构件是供电系统和电动机调速装置。

A．导向系统　　B．电气控制系统　　C．重量平衡系统　　D．电力拖动系统

5．电梯五方对讲能够实现轿厢内、检修盘、（　　）、轿顶及底坑内五方之间的内部通话功能。

A．车站控制室　　B．设备房　　C．控制中心　　D．综合维修中心

6．电梯的（　　）分为半月检修、季度检修、半年检修、年度检修。

A. 计划检修　　B. 故障检修　　C. 定期检验　　D. 定期自检

7. 下列选项中，不属于自动扶梯安全装置的是（　　）。

A. 制动器　　B. 超速监控装置　　C. 梯级运行开关　　D. 梯级链张紧装置

8. 楼梯升降机的额定速度不应超过（　　）m/s。

A. 1　　B. 0.5　　C. 0.15　　D. 0.1

三、判断题（正确的在题后括号内打"√"，错误的打"×"）

1. 自动扶梯应采用公共交通型重载扶梯，其传动设备、结构及装饰件应使用不易燃烧的材料。（　　）

2. 露天车站出入口设置自动扶梯时，应采用室外型扶梯。（　　）

3. 导向系统的主要作用是输出与传递动力，驱动电梯运行，它主要由曳引机、曳引钢丝绳、导向轮、返绳轮、制动器等构成。（　　）

4. 电梯安装有安全保护系统，包括限速器、缓冲器、超速保护、断相错相保护、上下极限。（　　）

5. 站内电梯站台层设为基站，出入口电梯地面设为基站。（　　）

6. 电梯发生故障时的救援必须做到一人操作一人监控，一般有以下情况：电梯停在平层区域但不能自动开门，电梯停在非平层区域且电梯有电，电梯停在非平层区域且电梯无电。（　　）

7. 自动扶梯能逆转，上下行都能运转，可以实现在车站从候车站台到地面出入口的连续输送，这是它的优点之一。（　　）

8. 轮椅平台式楼梯升降机的导轨一般直接装在楼梯面上，座椅直接支撑在导轨面上，结构和安装都比较简单。（　　）

四、名词解释

1. 电梯定期自检

2. 梯级

3. 缓冲器

4. 楼梯升降机

五、简答题

1. 以曳引驱动电梯为例，简述电梯的基本结构及主要组成系统。

2. 按电梯操作规程的要求，电梯采用什么启动方法?

3. 当电梯发生火灾时应采取什么措施?

4. 简述电梯维护作业前的准备工作。

六、综合分析题

某日，某城市轨道交通车站站厅A端2号扶梯报告故障。请根据所学知识回答以下问题。

（1）如果“急停开关”被错误使用，应该如何处理?

（2）如果到现场后听到异响并闻到异味，应该如何处理？

（3）如果发现有女乘客的高跟鞋鞋跟卡在梳齿板中，应该如何处理？

第五章　低压配电及照明系统

一、填空题（将正确答案填在横线空白处）

1．城市轨道交通内部供电系统由牵引供电系统和________________________组成。

2．城市轨道交通低压配电系统的作用是将较高的电压转换成__________的低电压，满足城市轨道交通系统正常的用电需求，降低电力负荷，为相关设备提供动力，保障城市轨道交通照明等设备的正常运行。

3．一般地下车站低压配电系统的布置如下：________________和________________各一座，分别布置在站台层两端，各负责半个车站及区间的动力负荷和照明。

4．城市轨道交通车站设置______________两座，位于站台层两端，分别为半个车站和相邻半个区间的事故照明供电。

5．按照作用不同，低压配电负荷可分为_________________和照明负荷两类。

6．_______负荷设备停电可能会引发运营延误或者造成乘客难以疏散，可能会导致较大伤亡事故。

7．城市轨道交通车站自动扶梯属于________负荷。

8．照明系统的控制方式主要有就地控制、__________________________和车站控制室集中控制三级。

二、选择题（将正确答案的字母填在括号内）

1．下列岗位中，对车站的低压配电及照明系统负有监控职责的是（　　）。

A．售票员　　B．客运值班员　　C．行车值班员　　D．站厅巡视员

2．（　　）负责城市轨道交通供电系统运行的组织、指挥和协调工作，使用电力监控系统实时监控供电系统设备的运行。

A．电力调度员　　B．值班站长　　C．环控调度员　　D．行车值班员

3．下列车站低压配电设备中属于三级负荷的是（　　）。

A．站台门　　B．消防电梯　　C．广告照明　　D．自动扶梯

4．我国城市轨道交通轨道供电中，架空接触网供电方式一般电压为（　　）V。

A．DC 1 500　　B．DC 750　　C．3 000　　D．380

5．考虑到安全因素，车站自动扶梯的关闭一般采用（　　）。

A．车控室远程操作　　B．低压配电室控制

C．现场就地控制　　D．蓄电池室控制

6．下列选项中，不属于城市电网向城市轨道交通供电的方式是（　　）。

A．分散式供电　　B．集中式供电　　C．混合式供电　　D．单边式供电

7．假设车站的事故照明发生故障，则需要到（　　）查看故障原因。

A．低压配电室　　B．环控电控室　　C．照明配电室　　D．蓄电池室

8．下列选项中，不属于供配电系统组成部分的是（　　）。

A．电源　　B．输电线路　　C．负荷　　D．监控系统

三、判断题（正确的在题后括号内打“√”，错误的打“×”）

1．车站开站时的正常照明一般采用照明配电室集中控制方式。（　　）

2．车站三级负荷设备对车站的运营影响不大，所以可以随意关闭。（　　）

3．车站的一级负荷必须有两路以上线路电源，一用一备，实现不间断供电，保障运营需求。（　　）

4．牵引供电系统实施对全线供电系统主要设备的监控，完成调度部门对全线供电系统的运行及管理。（　　）

5．动力照明系统为除城市轨道交通电动车辆以外的所有动力照明负荷提供电源。（　　）

6．非运营期间车站执行正常照明模式。（　　）

7．牵引变电所从主变电所获得电能并降压成低压交流电，向区间和车站的动力照明系统供电。（　　）

8．在发生电力故障时，为了保障车站重要低压配电设备的运作，可根据实际情况停止次优先级供电设备的运行。（　　）

四、名词解释

1．照明配电室

2．低压开关柜

3．就地控制

4．一级负荷

五、简答题

1．城市轨道交通区间照明如何开启和关闭?

2．简述城市轨道交通照明系统的控制方式。

3．城市轨道交通车站二级负荷设备有哪些?

4．简述车站低压配电系统的分布。

六、综合分析题

某日，某城市轨道交通车站站厅A端工作照明突然关闭，车站一边明亮，一边昏暗。请根据所学知识回答以下问题。

（1）如果你是该车站行车值班员，应该如何处理?

（2）机电维修人员到达现场检修时有何规定？

（3）在该事件中，城市轨道交通企业各岗位之间的汇报流程是怎样的？

第六章　站台门系统

一、填空题（将正确答案填在横线空白处）

1. __________设置在滑动门与滑动门之间、滑动门与端门之间，在站台公共区与隧道区域之间起隔离作用，在站台门系统中起支撑作用。

2. 每侧站台头尾端各设有一扇__________，它是列车在区间隧道发生火灾或故障时的乘客疏散通道，也是工作人员进出站台公共区的通道。

3. _______________由单元控制器控制系统和监视系统构成。

4. _______________即利用信号系统（SIG）对站台门进行开关控制。正常运行模式下，列车到站并停在允许的误差范围内，信号系统发出开关门命令，站台门系统与信号系统联动，实现开关门。

5. 发生站台门故障时，应坚持“______________”的原则。车站人员要及时处理，确保安全后及时面向司机显示“好了”信号。

6. ________________即工作人员在站台侧利用钥匙或在轨道侧用手动解锁装置就地对站台门进行开关控制。

7. 运营期间，如果因故障需保持站台门常开时，车站应做好防护，对不能关闭的单扇或多扇__________，必须安排专人看护。

8. 如果要手动开启滑动门或应急门又不影响信号系统，必须__________该门单元。

二、选择题（将正确答案的字母填在括号内）

1. 下列选项中，不属于站台门系统的门体种类是（　　）。

A. 滑动门　　B. 固定门　　C. 应急门　　D. 防淹门

2. 一般每侧站台有 30 对滑动门、48 扇固定门、（　　）扇应急门和 2 扇端门。

A. 10　　B. 12　　C. 15　　D. 8

3. 在运营期间无列车停靠站台时，严禁未经（　　）同意擅自操作站台门。

A. 值班站长　　B. 行车值班员　　C. 行车调度员　　D. 客运值班员

4. 运营期间轨行区拾物一般是开启站台门系统中的（　　），利用拾物钳进行拾取。

A. 端门　　B. 滑动门　　C. 应急门　　D. 固定门

5. 站台人员应站在站台两端的楼扶梯口靠近（　　）处值守，车门和站台门关闭时，应尽可能提前阻止乘客抢上抢下。

A. 紧急停车按钮　　B. 端墙　　C. 消防箱　　D. 站台中部

6. 司机在关门前要监控是否有乘客抢上，关门后重点观察站台人员是否显示（　　）。

A．发车信号　　　B．紧急停车手信号　C．“好了”信号　　D．减速信号

7．车站发生站台门夹人夹物事件，现场第一负责人为（　　）。

A．客运值班员　　B．行车值班员　　C．站台安全员　　D．值班站长

8．使用互锁解除接发车时，待列车（　　）越过出站信号机，完全离开车站后，松开互锁解除钥匙开关。

A．头部　　B．尾部　　C．中部　　D．头部灯

三、判断题（正确的在题后括号内打“√”，错误的打“×”）

1．就地控制盘一般用于实现车站级控制。（　　）

2．站台门系统的使用，隔断了站台侧公共区空间与轨道侧空间，避免了人员跌落轨道的安全隐患以及驾驶员驾车进站时的心理恐慌问题。（　　）

3．开门时，要在“门关闭”位停顿 5 s，再打到“门打开”位，并在“门打开”位保持 1 s，以确保滑动门全部打开。（　　）

4．任何时候乘客在列车上都只能通过滑动门进入站台。（　　）

5．行车值班员在列车到站期间应加强监控，观察站台列车有无夹人夹物，需要时，可按压综合后备盘紧急停车按钮，向行车调度员汇报并通知站台人员到现场处理。

（　　）

6．运营期间需要从站台打开端门进入站台端门外设备区时，必须经车站站务员同意（司机交接班作业等工作需要进出站台端门时除外）。（　　）

7．站台门故障或破损时，应及时进行临时处理，设置防护栏及警告标识，并尽快通知相关单位。（　　）

8．在非正常运行模式下，列车到站并停在允许的误差范围内，信号系统发出开关门命令，站台门系统与信号系统联动实现开关门，无须手动操作。（　　）

四、名词解释

1．应急门

2．门控单元

3．互锁解除

4．站台级控制

五、简答题

1．站台门控制有哪几种方式？

2．简述使用就地控制盘开关滑动门的方法。

3．简述站台门的作用。

4．站台门有哪些形式？分别适用于什么场合？

六、综合分析题

某日，某城市轨道交通车站1站台乘客上下车完毕，司机操作关闭站台门后，站务员发现第10扇滑动门门头指示灯闪烁，无法关闭，列车无法出站。请根据所学知识回答以下问题。

（1）如果你是该车站站台值守站务员，应该如何处理？

（2）站台门发生故障时，行车值班员需要做哪些工作？

（3）站台门发生故障时，车站人员应遵循什么原则？

第七章 消防系统

一、填空题（将正确答案填在横线空白处）

1. ______________是表明消防设施特征的符号，用于说明建筑配备的各种消防设备和设施，以及标志安装的位置，并指导人们在发生事故时采取合理、正确的行动。

2. ____________是指固体物质火灾，这种物质通常具有有机物质性质，一般在燃烧时能产生灼热的余烬。

3. ___________是一种轻便的灭火工具，它可以用于扑救初起火灾，控制蔓延。

4. ______________________是人们为了早期发现并及时采取有效措施控制和扑灭火灾，而设置在建筑物中或其他场所的一种自动消防设施。

5. 车站发生火灾而火灾探测器没有探测到时，可以使用______________报告火灾信息。

6. 设置在地下的通信及信号机房（含电源室）、变电所（含控制室）、综合监控设备室、蓄电池室和主变电所，应设置______________。

7. 接到火灾报警后，车站工作人员必须立即查看报警信息，包括报警地点、报警设备及报警数量，安排___________携带对讲机或其他通信工具迅速到达报警地点，进行火灾确认。

8. 车站大部分是地下建筑物，内部过于封闭，通风不畅，发生火灾时燃烧产生的大量浓烟和___________（如一氧化碳、二氧化硫等）难以排出。

二、选择题（将正确答案的字母填在括号内）

1. 下列选项中，不属于燃烧三要素的是（　　）。

A. 可燃物　　B. 助燃物　　C. 着火点　　D. 催化剂

2. 下列选项中，不属于城市轨道交通火灾特征的是（　　）。

A. 疏散难度大　　B. 产生大量浓烟且排烟困难

C. 温度上升快　　D. 救援相对容易

3. 发生火灾时，由（　　）在车控室火灾报警主机界面上操作火警确认或报警复位按钮。

A. 值班站长　　B. 行车值班员　　C. 行车调度员　　D. 客运值班员

4. 城市轨道交通车站发生火灾，火势过大无法扑灭时，由（　　）宣布执行火灾紧急疏散模式，组织乘客疏散。

A. 值班站长　　B. 行车值班员　　C. 行车调度员　　D. 客运值班员

5．城市轨道交通车站消防系统由消防自动监控系统、报警系统和（　　）组成。

A．灭火系统　　B．火灾自动报警系统

C．机电设备监控系统　　D．环控系统

6．火灾自动报警系统由（　　）、手动报警按钮、监视模块、控制模块等组成。

A．灭火器　　B．火灾探测器　　C．消火栓　　D．紧急停车按钮

7．目前，（　　）灭火系统广泛应用在我国的城市轨道交通系统中。

A．IG541混合气体　　B．二氧化碳　　C．卤代烷　　D．七氟丙烷气体

8．下列选项中，一般采用气体灭火系统进行防护的是（　　）。

A．站厅　　B．站台　　C．出入口　　D．环控电控室

三、判断题（正确的在题后括号内打"√"，错误的打"×"）

1．不同的燃烧物质具有不同的燃烧特性，其防范措施及灭火措施大致相同。（　　）

2．红色发光疏散指示标志设置在疏散走道和主要疏散路线的地面或靠近地面的墙上，用于指引乘客进行紧急疏散。（　　）

3．绿色消防标志用于说明各种消防设备、设施安装的位置，引导人们在发生火灾时采取合理正确的行动。（　　）

4．A类火灾是指液体或可熔化的固体物质火灾。煤油、柴油、原油、甲醇、乙醇、沥青、石蜡、塑料等引发的火灾都属于A类火灾。（　　）

5．使用干粉灭火器进行灭火时，一般用喷管对准火源根部进行扫射。（　　）

6．消火栓是常用的消防设施，放置于走廊或厅堂等公共空间中，一般会在上述空间的墙体内，不能对其做任何装饰，要求有醒目的标注。（　　）

7．城市轨道交通车站多位于地下，出口比较少，且地下通道狭长，疏散距离长，人员的疏散比较容易。（　　）

8．城市轨道交通车站地下空间有限，因为浓烟、高温、视线不清和通信不畅，消防人员想要进入车站内或隧道内实施救援较为困难。（　　）

四、名词解释

1．火灾自动报警系统

2．手动火灾报警按钮

3．自动灭火系统

4．火灾探测器

五、简答题

1．简述灭火器的使用步骤。

2．简述消火栓的使用步骤。

3．简述火灾报警的确认过程。

4．发生火灾时，哪些设备会发生联动？

六、综合分析题

某日，某城市轨道交通线路 A 车站上行线列车进站停稳时，站务人员发现列车车厢发生火灾，同时司机也用对讲设备向车站报告了火情，此时车厢内乘客发生骚动，秩序混乱。请根据所学知识回答以下问题。

（1）简述列车发生火灾停靠站台时各岗位的行动指引。

（2）此时，车站需要执行怎样的汇报流程？

（3）在发生火灾时如何做好客流组织工作？

第八章　城市轨道交通车站其他设备

一、填空题（将正确答案填在横线空白处）

1．城市轨道交通通信网由光纤传输系统、程控交换系统、广播系统、闭路电视监控系统和________________组成。

2．________________是为运营控制中心调度员、车站值班员、车辆段值班员和车站其他工作人员等使用的内部专用电话提供自动交换功能的系统。

3．为满足城市轨道交通系统运行、维护及应急的需要，使工作人员在轨道沿线随时与调度中心及车站取得联系，在轨道沿线每隔 500 m 左右间距，设置______________。

4．运营控制中心________________通过中心广播控制终端可对全线、任意一个车站或多个车站、任意车站的任一选区或多个选区进行话筒、语音、线路等广播。

5．广播系统由运营控制中心和_________两级控制，正常情况下以车站广播为主，事故抢险、组织指挥以运营控制中心防灾广播为主。

6．城市轨道交通运用______________________向行车组织管理人员及安全监控人员提供各个部位的监视画面。

7．___________是城市轨道交通系统的主要技术设备，它担负着指挥列车运行、保证行车安全、提高运输效率的重要任务。

8．城市轨道交通信号机一般采用________信号机，这种信号机有高柱型和矮型之分，不论是高柱型还是矮型，其机构都分为单显示、二显示和三显示。

二、选择题（将正确答案的字母填在括号内）

1．下列选项中，不属于城市轨道交通通信系统的是（　　）。

A．广播系统　　B．专用通信系统　　C．闭路电视系统　　D．消防系统

2．下列选项中，不属于城市轨道交通专用电话系统的是（　　）。

A．调度电话　　B．行车专用电话　　C．轨旁电话　　D．公务电话

3．（　　）用于防护敌对进路的列车相互冲突，通常设置在平面线路的交叉地点。

A．进站信号机　　B．出站信号机　　C．防护信号机　　D．调车信号机

4．（　　）是用于转换道岔的装置，在电气集中设备中，它接收到转换命令后即带动道岔转换。

A．信号机　　B．转辙机　　C．手摇把　　D．轨道电路

5．轨道电路遵循“（　　）”原则，轨道电路设备在发生故障时必须确保只能给出“占用”通报。

A．故障－安全　　B．先通后复　　C．安全至上　　D．效率第一

6．下列选项中，不属于联锁设备功能的是（　　）。

A．道岔控制　　B．轨道电路处理　　C．信号控制　　D．自动广播

7．（　　）有不同的等级。在自动模式下，列车可根据当天运行时刻表确定列车进路命令。

A．列车自动驾驶系统　　B．列车自动监控系统

C．列车自动运行系统　　D．列车自动导航系统

8．（　　）主要用于实现“地对车控制”，即用地面信息实现列车的自动运行、折返，保证列车站内停车精度。

A．列车自动驾驶系统　　B．列车自动监控系统

C．列车自动运行系统　　D．列车自动导航系统

三、判断题（正确的在题后括号内打“√”，错误的打“×”）

1．通过“三级管理，三级控制”，可实现对整个乘客信息系统的集中式监控。（　　）

2．利用列车自动监控系统可自动实现列车惰行控制及下一车站自动通过的控制，节省能源并实现列车运行调整。（　　）

3．列车识别号可由调度员人工输入或计算机按照实施运行图自动生成，经调度人员确认生效。（　　）

4．列车自动防护系统自动监控列车位置和运行，以确定列车是否按当天的时刻表运行。（　　）

5．列车自动运行控制（ATC）系统包括列车自动防护（ATP）系统、列车自动驾驶（ATO）系统及列车自动监控（ATS）系统三个子系统。（　　）

6．当轨道电路中有车占用时，显示绿色光带，表示该区段有车占用。（　　）

7．调车信号机用于保证机车、车辆在站内或车辆段内能够安全、高效地进行转线、编组作业。（　　）

8．城市轨道交通因其固有的特点，对其信号系统提出了安全性高、通过能力大、保证信号显示距离、抗干扰性能强、可靠性高、自动化程度高等要求。（　　）

四、名词解释

1．通信网

2．调度电话

3．闭路电视监控系统

4．轨道电路

五、简答题

1．简述车站广播系统的使用方法。

2．简述信号机的种类及概念。

3．信号系统如何进行列车自动调整?

4．什么是乘客信息系统？有什么功能?

六、综合分析题

某日，某城市轨道交通线路发生两个车站及相应区间的列车自动防护系统轨旁设备故障，导致该区段列车自动防护系统无法正常运作，司机发现情况立刻报告行车调度员，行车调度员通知相应车站工作人员加强列车进出站监控，核对列车时刻表，做好乘客解释工作。请根据所学知识回答以下问题。

（1）车站发生紧急事件时，车站工作人员可利用什么设备将信息告知乘客?

（2）简述该事件中涉及岗位的行动指引。

（3）列车自动防护系统在列车运行中有哪些作用?